¿QUÉ ES UN CONTRATO DE TIERRA?

GUÍA DEL COMPRADOR PARA COMPRAR UNA CASA EN UN CONTRATO TIERRA

Por Anthony W. Legins

Dedicación:

Este libro está dedicado a aquellos que buscan comprar una nueva casa, sin las molestias y complicaciones en solicitar una hipoteca tradicional. Mayo de este brazo libro que con la información y el conocimiento que usted necesita para tener éxito en su camino a la vivienda propia.

Aviso legal:

Este libro se presenta exclusivamente para y educativos con fines informativos. El autor y el editor no se ofrecerlo como asesoramiento legal o contable. Mientras mejor los esfuerzos se han utilizado en la preparación de este libro, el autor y el editor no hacen ninguna representación o garantía de cualquier tipo y asumir ninguna responsabilidad de ningún tipo con con respecto a la exactitud o integridad de los contenidos y renuncian a cualquier garantía implícita de comerciabilidad o idoneidad de uso para un propósito particular. Ni el autor ni el editor se hace responsable o responsables a cualquier persona o entidad con respecto a cualquier pérdida o daños directos o indirectos causados opresuntamente causado, directa o indirectamente, por la información o programas contenidos en este documento. No garantía puede ser creado o ampliado por ventas representantes de ventas o materiales escritos. Cada empresa es diferente y los consejos y estrategias contenida en este documento puede no ser adecuado para su situación. Usted debe buscar los servicios de un abogado competente profesional antes de firmar cualquier contrato o invertir dinero.

TABLA DE CONTENIDO

Prefacio

En el momento en que termine de leer este libro, usted estar bien informados sobre lo que un contrato de la tierra es y cómo encontrar y comprar una casa en el contrato de la tierra. Es mi intención para ayudar a aquellos que desean convertirse en los dueños de casa para encontrar una manera de hacer realidad su sueño, aunque su actual circunstancias que les impiden optar a una hipoteca. El financiamiento del vendedor puede ser una solución para usted.

En los últimos años, me he especializado en la ayuda la gente compra casas en la tierra del contrato. Como una verdadera licencia Corredor de bienes raíces, que han ayudado a cientos de personas en el camino a la casa y la propiedad del negocio a través de este vendedor financiamiento.

Este libro está escrito por años de experiencia en representando compradores y vendedores junto con directa el conocimiento adquirido de compra y venta de propiedades en tierra contratar a mí mismo. Contratos de la tierra son rápidamente convirtiéndose en la solución de financiación "alternativa hipoteca 'para muchos compradores de hoy en día. Este libro fue escrito para ayudar a ahorrar tiempo, frustración y dinero en su búsqueda para convertirse en propietario de una casa.

Saludos,

Anthony W. Legins

Introducción

¿Está pensando en comprar una casa en el contrato de la tierra, pero no tienen ni idea de por dónde empezar?

¡Enhorabuena! Usted está tomando el primer paso!

Comprar una casa en el contrato de la tierra se ha convertido en una opción para muchos compradores de vivienda en la economía actual. Gente como usted están descubriendo en la compra de su nuevo hogar en contrato de tierra que hay una gran cantidad de vendedores que no son 'Excesivamente' preocupados por su crédito. Ellos son el descubrimiento de que, mientras que tienen un pago inicial y se puede demostrar que el vendedor que se pueden permitir el pago mensual, que son capaces de conseguir su aprobación!

Esta es una noticia fantástica para alguien que está perdiendo (o tiene pierde) su casa por ejecución hipotecaria y aún quiere y necesita para comprar una casa nueva. Esto es aún una gran noticia para alguien que está cansado de pagar alquiler, pero no se ha establecido su crédito aún calificar para una hipoteca. Contratos de la terra son convirtiendo en la alternativa de hipoteca y es uno de las mejores opciones para los compradores que no quieren que su crédito errores para ser una barrera a la vivienda propia.

Incluso si usted ha comprado una casa en la tierra del contrato antes o si esta es su primera vez, usted encontrará la información en este libro que es muy útil y valioso para usted.

Tener todos los detalles sobre el proceso de compra de una casa el contrato de la tierra puede ayudar a ahorrar tiempo, frustración y dinero a través de tu compra de una casa experiencia.

Algunas cosas que usted necesita saber

Contratos de la tierra no lo son:

Alquiler con opción a compra
Contrato de arrendamiento con opción de

Usted es el dueño de la casa! No está alquilando. Eres financiación! Un contrato de la tierra es un término usado para describir financiamiento del vendedor. El vendedor estará de acuerdo para financiar a comprar su casa de ellos.

A veces crédito Indiferente al vendedor. Usted puede no necesita un crédito perfecto, sin embargo, algunos vendedores se van para requerir un informe de crédito y puede rechazar su oferta basada a su crédito. El vendedor puede pasar por alto una ejecución hipotecaria o quiebra, si usted ha estado haciendo otros pagos a tiempo. Sin embargo, si no se ha efectuado ningún pago y tiene muchas colecciones excepcionales, esto puede afectar su capacidad para obtener financiamiento del vendedor.

No todos los contratos de la tierra son un 10% - 20% de Cada. vendedor es diferente y puede pedir mucho más que 10% -20% menos. Algunos vendedores son negociables y algunos no lo son. Todo depende del vendedor y su situación.

Siempre recuerde que cada vendedor tiene su propia requisitos. Un vendedor sólo puede estar preocupado por el importe de la cuota inicial y otro vendedor podrá quiero ver su informe de crédito, formularios W2 y todo el nueve.

No hay normas o directrices para conseguir establecer aprobado para un contrato de la tierra. Puesto que un contrato de la tierra es «Financiación del vendedor, cada vendedor tendrá su propio proceso de aprobación.

Sin embargo, en este libro, voy a darte una idea de lo que lo que necesita saber y tener en cuenta al comprar una casa en contrato de la tierra.

¿Qué es un contrato de tierra?

Un 'contrato de la tierra "es un contrato entre un vendedor y un comprador de bienes inmuebles en los que el vendedor proporcione financiación para comprar la propiedad por un precio de compra acordado y términos y el comprador paga el préstamo en cuotas.

Contratos de la tierra son, en muchos sentidos, similar a la hipoteca. La diferencia es que en vez de ir al banco a solicitar un préstamo para comprar la casa del vendedor, el mismos vendedor se compromete a financiar a comprar la casa de ellos. El vendedor está jugando básicamente el papel de el banco al aceptar financiar usted y aprobación que para comprar la casa de ellos.

Un pago inicial del comprador para el vendedor es por lo general requiere un contrato de la tierra con el resto resto se paga en cuotas mensuales. Cuando el precio de compra ha sido pagada, incluidos los intereses, el vendedor está obligado a transferir el título legal a la propiedad al comprador.

Aunque el vendedor retendrá 'título legal "a la propiedad, usted recibirá lo que se conoce como "título equitativo" y interés en el hogar. Su interés en la propiedad será grabado con el condado local. La propiedad no puede ser que se vende legalmente con usted. Usted es dueño de la casa. **Usted es el dueño de la casa,** y será responsable del mantenimiento y el mantenimiento de la casa. Usted será responsable de pago de impuestos a la propiedad y el mantenimiento seguro de la casa. Usted puede vivir en la casa, alquilar la casa y incluso puede vender la casa *(siempre y cuando lo es para más de lo que debe en el contrato de la tierra)*.

Contratos de la tierra ofrecen la oportunidad para que usted pueda convertirse en propietario de una vivienda, independientemente de una reciente quiebra o ejecución hipotecaria. Incluso si usted tiene mal o crédito no establecido, todavía es "posible" para comprar una casa el contrato de la tierra. Incluso si usted trabaja por cuenta propia o reciben SSI y / o beneficios de ubilación / discapacidad, es todavía es posible para que usted **compre una casa en la tierra del contrato!**

Cómo encontrar un terreno Contrato Inicio

Ahora que usted ha decidido comprar su nuevo hogar en contrato de la tierra, puede que se pregunte cómo encontrar viviendas con los términos del contrato de tierras.

Encontrar a un contrato de tierra su hogar puede ser una tarea difícil. Lo puede llegar a ser muy frustrante. Sobre todo teniendo en cuenta la hecho de que menos del 10% de las casas en venta en el mercado se están ofreciendo con el financiamiento del vendedor. Seamos realistas que, que significa que más del 90% de los vendedores quieren dinero en efectivo o hipoteca de su casa. Esto significa que, por desgracia, hay una selección más pequeña de casas a la venta en contrato de la tierra. También puede encontrar que después de hacer call tras la llamada y hablar con una persona tras otra, muchas agentes de bienes raíces o vendedores no quieren hablar de este vendedor financiamiento, quieren que hable con su representante hipotecario. O si usted tiene una cantidad limitada de fondos para una baja pago en el momento, que sólo puede despedirte completamente.

La mejor manera de comenzar su búsqueda es poniéndose en contacto con un representante agente de bienes raíces que le pueden ayudar a encontrar hogares en el área deseada que están a la venta con contrato de la tierra términos. Hay muchos bienes raíces con licencia y capacítado profesionales en su área que están listos y dispuestos a le ayudan a encontrar su nuevo hogar.

Como agentes de bienes raíces con licencia, tienen acceso a todos los hogares que cotiza en el mercado para la venta en su área local. Lo que hacen para usted es la búsqueda de la MLS (Multiple Listing Service) para encontrar casas en venta en el contrato de la tierra en el área deseada. Cuando encuentran casas para la venta que coincida con sus criterios, se enviará por correo electrónico la lista de usted.

A partir de ahí, yo siempre sugiero que se tome el tiempo para unidad de los hogares, de modo que usted puede echar un vistazo a la barrio y la casa para ver si es lo que eres buscando. Si usted está interesado en ver el interior de una de las casas que le envían, sólo les dan una llamada o correo electrónico y se programará un día y hora en que se conveniente para que usted pueda ver la casa.

Otras maneras de encontrar casas en venta en el contrato de la tierra es por el control de la 'Real Estate para la venta' sección de su local, periódico. Todavía hay muchos vendedores y agentes que anuncie sus propiedades en venta en el periódico.

Además, usted puede encontrar casas en venta en el contrato de la tierra por la búsqueda de la "venta de propiedad raíz 'sección de Craigslist. Muchos vendedores y agentes utilizan Craigslist para anunciar sus propiedades en venta. Ir a Craigslist y hacer una búsqueda de «Contrato de la tierra 'y encontrará una serie de casas de que usted elija.

Sin embargo, yo siempre recomiendo que utilizó una licencia Agente de bienes raíces para ayudarle en la compra de su nuevo hogar. Usted pueden encontrar en algunos casos que hay algunos vendedores que sólo están mirando hacia fuera para sí mismos y su mejor intereses. Es posible que necesite a alguien que está de su lado - que usted y sus mejores intereses en el está representando transacción - Agente de un buen comprador - a alguien que es bien informado y capaz de ayudarle y proporcionar respuestas a sus preguntas.

Tener un agente de bienes raíces con licencia que está trabajando para que se definitivamente le ayudará a ahorrar tiempo, dinero y frustración en la compra de su nuevo contrato tierra su hogar. Ellos conocer los entresijos del mercado particular que está mirando hacia adentro y están más que dispuestos a proporcionar la información que necesita para hacer un elegante y bien decisión informada.

Para localizar un agente del comprador acreditado en su área, pueden visitar Consejo Agente de Bienes Raíces del comprador (REBAC) en: www.rebac.net

Cómo hacer una oferta de compra en Contrato de la Tierra

Una vez que haya encontrado la casa que desea comprar y que funciona mejor para usted y su situación, lo primero que usted tendrá que hacer es cumplir con su agente de bienes raíces y preparar una oferta de compra. Esto es cuando se va a poner el precio y los términos por escrito a presentar al vendedor. La oferta de compra se suele incluir la siguientes documentos y artículos:

- En cuanto a la divulgación Agencia Inmobiliaria Relaciones
- Los compradores Exclusive Contrato de Agencia
- Acuerdo de Compra
- Tierra Contrato Addendum Ventas
- Prueba de fondos (para el pago inicial)
- Depósito de Buena Fe

Divulgación sobre las relaciones de agencias inmobiliarias

La "Revelación Respecto Agencia Inmobiliaria Las relaciones "es un formulario que debe ser firmado entre un agente de bienes raíces y un potencial comprador / vendedor antes de cualquier información confidencial se revela. Esta forma ofrece una explicación de los diferentes tipos de agencia relaciones - Agente de ventas, agente de los compradores, agente doble y el coordinador de transacciones.

Los compradores Exclusive Contrato de Agencia

El 'comprador exclusivo contrato de agencia es un

contrato entre un corredor y un comprador que formaliza y establece la relación de representación entre ambas partes. El corredor está de acuerdo para ofrecer sus servicios en la asistencia el comprador en la localización y compra de una casa y el comprador se compromete a utilizar únicamente el intermediario para ayudar a comprar una casa. En la mayoría de los casos, el vendedor pagará las ventas comisión a su agente de bienes raíces. Sin embargo, algunos corredores hacen cobrar honorarios por sus servicios a sus clientes en el cierre. Si se aplicará una tasa de un corredor, éste se hará una parte del contrato de agencia del comprador.

Compra Acuerdo
El "Contrato de Compraventa" es el documento formal que que va a utilizar para presentar nuestro precio y las condiciones por escrito a el vendedor.

En el contrato de compraventa se declare su deseado precio de compra, los elementos incluidos en la venta (es decir, cocina, nevera, microondas, etc.) Va a declarar nuestra intención tener una inspección de la vivienda privada. Se le diga su fecha objetivo de cerrar. Va a poner todo lo que eres ofrecer, solicitar y aceptar por escrito en el acuerdo de compra.

Contrato de la Tierra Addendum Ventas
La "Tierra Contrato Addendum Sales 'es una enmienda en el acuerdo de compra que va a utilizar para el estado los términos deseados para el contrato de la tierra. En esto addendum se indicará la cuota inicial usted ofreciendo junto con el pago, la tasa de interés mensual

y plazo. Se le indicará si quieres impuestos a la propiedad y seguro que se incluirá en su pago mensual ono. Usted declara si tiene la intención de financiar la tierra contrato hasta que sea pagado por completo o si habrá una pago global debido al final.

Esto es sólo para que te hagas una idea de lo que va a ser incluido en la adición. Su agente de bienes raíces será capaz de ayudar y responder a cualquier pregunta o preocupación que usted pueda tener.

Prueba de Fondos
La "Prueba de Fondos para el pago inicial puede estar en el forma de un estado de cuenta bancaria, cuenta de 401k o incluso un cheque de caja.

Cuando un vendedor está considerando la posibilidad de aceptar su oferta, una de las principales preocupaciones / factores pueden ser el pago inicial. El vendedor *podrá* exigir para ver la prueba de que usted tiene la los fondos disponibles para el pago inicial antes de aceptar su oferta. Esto es bastante estándar. Dado que el vendedor es aceptando financiar usted, se trata de una petición justa que presentar prueba de fondos.

Algunas personas se ofenden en esta solicitud, sin embargo, no deberían tomarlo personal. Es sólo negocio. Siempre aconsejo a mis clientes que lo mejor es estar preparado y tener la prueba de los fondos listos antes de presentar su oferta.

Depósito de dinero (EMD)
El "depósito de garantía", más comúnmente conocido

como el "EMD", es un depósito de buena fe que se aplica en el momento en que se presentó la oferta de compra. La cantidad de el EMD varía dependiendo del precio de venta de la casa. Es típicamente 3% del precio de compra o $ 1,000.00, lo que sea mayor. El EMD se llevará a cabo en un no-interés de la cuenta escrow rodamiento broker hasta que el momento del cierre y se aplicará a la baja pago y los costos de cierre.

Así, por ejemplo, si su pago inicial es de $ 10,000.00 y el EMD es de $ 1,000.00, usted sólo tendrá que traer $9,000.00 al cierre (además de los costos de cierre). Es importante saber que el EMD se recoge sin excepción.

Muchos vendedores no van a considerar su oferta sin Depósito de dinero.

La presentación de la Oferta

Una vez que haya revisado, rubricado y firmado todos los documentos relacionados para su oferta de compra, su Agente de bienes raíces y las presentará su oferta al vendedor para consideración. El vendedor puede responder el mismo día o se puede ser unos días antes de que el vendedor responde. Cuando el vendedor no responde, se aceptar, rechazar o contrarrestar su oferta. Si el vendedor acepta la oferta, entonces tienen un acuerdo y comenzar a avanzar hacia el cierre. Si el vendedor rechaza la oferta, entonces eso quiere decir que se quiere deberá presentar una nueva oferta con el precio y las condiciones que el vendedor está pidiendo, o continuar en busca de un nuevo hogar.

Si se opone al vendedor su oferta, esto significa que son

no aceptar el precio y las condiciones que se presentan Sin embargo, ellos están dispuestos a trabajar con usted para llegar a un mutuo acuerdo. Si acepta el contador de ventas ofrecer, entonces usted tiene un problema. Si rechaza los vendedores contraoferta, entonces usted no tiene un negocio. Usted también tiene la opción para hacer frente a los vendedores contra-oferta y continuar para tratar de negociar el precio y las condiciones que trabajar para usted.

A continuación, voy a hablar de los diversos factores que tendrá tener en cuenta al hacer su oferta.

Factores a tener en cuenta al hacer su oferta

Al hacer su oferta de compra, usted tiene la oportunidad de presentar el precio y las condiciones que son aceptable para usted y su situación. Usted tendrá que considere lo siguiente:

- Precio de compra
- Importe Pago inicial
- Cuota mensual
- Tasa de interés
- Amortización
- Inspección privado
- Costos de Cierre

Precio de Compra

Una de las primeras cosas a considerar al comprar una casa el contrato de la tierra es el precio de compra. Puede ser preguntándose, '¿Debo ofrecer el precio completo o debería ofrecer una precio inferior y tratar de negociar? o "¿Cómo puedo saber si tengo Estoy pagando demasiado por la casa?

Al determinar el mejor precio para ofrecer un hogar, usted debe solicitar un análisis comparativo del Mercado (CMA) de su agente de bienes raíces. Un CMA se utiliza para ayudar a determinar cuál es el valor de mercado actual de una propiedad es. No es una evaluación. Sin embargo, un CMA adecuada sele dará una buena idea de qué casas similares en la zona Actualmente se están vendiendo. A continuación, puede utilizar este información para hacer una oferta justa pero competitiva.

Cantidad de Enganche

Al comprar una casa en el contrato de la tierra, uno de los más factores importantes que hay que considerar es la cantidad de la cuota inicial.

Mientras que hay muchos vendedores que están en busca de 10% - 20% de pago del precio de compra, que puede ser pidiendo más. "Inamovible" No hay nada en lo que respecta para el pago inicial. Cada vendedor tendrá su propio requisitos al aceptar financiar usted. El más grande el pago inicial, más la consideración su oferta se le dará.

El vendedor puede estar incluso dispuesto a pasar por alto los problemas de crédito con un pago inicial grande. Además, cuanto mayor es su baja pago, menor será su pago mensual será desde usted está financiando menos dinero.

En pocas palabras, la cantidad de su pago inicial juega un factor importante en si su oferta será aceptada o rechazado.

Mensualidad

¿Cómo se determina el pago mensual? ¿Incluye el seguro e impuesto? ¿Cuánto se está aplicando a principio de cada mes?

La cantidad de su pago mensual será determinado por los siguientes factores:

- Precio de venta
- Baja cantidad de pago
- Tasa de interés
- Saldo restante se financia
- Número de años se amortizan
- Seguro de hogar propietarios

Por ejemplo, usted está comprando una casa por $100,000.00 con un 20% de pago inicial, la tasa de interés del 6%, 15 años de amortización. Su pago mensual será determinado por:

- Saldo restante se financia - $ 80,000.00
- Tasa de interés - 6%
- Número de años amortizado - 15 años

Utilizando este ejemplo, el principio mensual estimada y pago de intereses sería $ 675.09.

Tasa de interés
La tasa de interés máxima permitida en el estado de Michigan para una persona es de 11%. La tasa de interés que se le cobrará en su contrato de la tierra varía y puede ser determinado por el vendedor. Si bien hay vendedores que están pidiendo entre el 6% -8% de tipo de interés, algunos pueden pedir hasta un 11%.

Cuando haga su oferta de compra, usted puede incluir su tasa de interés deseado u ofrecer lo que el vendedor está pidiendo. Todo depende de la importancia de la tasa de interés para ti. Tenga en cuenta que si usted elige para regatear sobre el tipo de interés que el vendedor puede querer examinar su informe de crédito (como cualquier prestamista haría). Sin embargo, incluso una reducción del 0,5% en su tasa de interés puede ahorrar 100, si no 1000 durante la vigencia de su contrato de la tierra.

Amortización

Su pago mensual también será determinado en el número de años que el contrato de la tierra se amortiza y si es o no impuestos sobre la propiedad y el seguro están incluidos.

Amortización es básicamente el pago de de la balanza de la tierra del contrato en cuotas mensuales iguales durante un número de años. El número de años que va a financiar su contrato tierra su hogar le ayudará a determinar el monto de su pago mensual.

Antes de preparar su oferta de compra, primero deberá determinar su pago mensual deseado y el número de años que se necesita para amortizar el contrato de la tierra para lograr que el pago mensual.

Inspección privado

Yo siempre recomiendo a mis clientes que realizan una inspección de la casa privada antes de comprar una nueva casa. Al hacer su oferta de compra, le recomiendo que se incluye una contingencia de inspección privada en su oferta. Esto significa que una vez que su oferta es aceptada por el vendedor, tendrá un corto período de tiempo después de tener la casa inspeccionada por un profesional de su elección. Esto será por su propia cuenta, sin embargo, es para su mejor beneficio.

Un inspector realizará una inspección completa de la casa, incluyendo el techo, calefacción, electricidad, fontanería, etc y le proporcionará un informe.

De esta manera, usted se dará cuenta de la condición de la casa y saber si hay cualquier problema imprevisto que deben abordarse. Usted también tendrá la oportunidad de preguntar al vendedor para hacer las reparaciones o acepte la casa tal cual.

Usted también tendrá la opción de retirarse del acuerdo sin perder su depósito de dinero si la casa necesita más trabajo que usted está dispuesto a aceptar.

Costos de Cierre
Los costos de cierre son cargos adicionales que se pagarán con cargo al cierre, además de su pago inicial. Costos de cierre estándar se incluyen:

- Desembolso inicial
- Impuestos a la propiedad pro raciones
- Título y honorarios de grabación

El importe de estas tasas adicionales variará dependiendo de la propiedad, compañía de título y el corredor. Usted definitivamente quiere tener una idea de lo que sus costos de cierre estarán antes de hacer una oferta. Pregúntele a su agente de bienes raíces para ayudarle a determinar cuáles serán los costos de cierre estimados - antes de hacer una oferta - de modo que usted no está ofreciendo más dinero por lo que puede darse el lujo de la época.

Seguro de propietarios de viviendas
Puede que tenga que obtener una póliza de seguro de
propietarios de casa pagada a un año que entra en vigor
el día de cierre. Este es un gasto adicional al factor pulg
mayoría de los vendedores, será necesario que obtenga y
mantenga una póliza de seguro de propietarios de casa
en su casa durante la duración del contrato de la tierra.

En Conclusión

Para muchas personas, la compra de una casa en la tierra del contrato se está convirtiendo en "el camino" para convertirse en propietario de una vivienda en la economía actual. Es una alternativa mucho mejor que alquilar. Y mientras que la obtención de una hipoteca a través de un banco o comprar una casa en efectivo puede ser más deseable, la compra de una casa en la tierra del contrato es una de las maneras de convertirse en propietario de un hogar sin todas las molestias de calificar para una hipoteca.

A estas alturas, usted debe estar bien informado sobre lo que un contrato de la tierra es, y los pasos a seguir en la búsqueda y la compra de su nuevo hogar. Una vez más, le recomiendo que encontrar un agente de bienes raíces local que le ayudará durante todo el proceso - desde la búsqueda de su casa y todo el camino hasta el cierre. Trabajar con un agente de bienes raíces con licencia ayudará a proteger sus intereses a lo largo de la operación y que le ayudará a negociar el mejor precio posible y términos para usted y su situación.

Siempre busque el consejo de un abogado con licencia antes de firmar cualquier contrato.

Preguntas Más Frecuentes

Es un contrato de derecho de tierra para mí y mi situación?

Un contrato de la tierra es una solución de financiación alternativa para aquellos que no pueden obtener una hipoteca debido a la mala de crédito o no establecido. Si usted no puede obtener una hipoteca tradicional y aún desea convertirse en propietario de una casa, un contrato de la tierra puede ser adecuado para usted.

Tengo mal crédito, ¿puedo comprar una casa en la tierra del contrato?

Mientras que algunos vendedores pueden solicitar una copia de su informe de crédito y basar su decisión sobre lo que ven, hay muchos vendedores que van a financiar usted, independientemente de su situación de crédito actual.

Es un contrato de la misma o similar a 'rent-to-own' tierra?

No. Cuando usted compra una casa en el contrato de la tierra, se convierte en el propietario de la casa. Usted tendrá título equitativo a la propiedad y será capaz de vivir, alquilar, o vender la casa. Usted será el único responsable de todo el mantenimiento y conservación de la casa. Usted será responsable del pago de impuestos a la propiedad y el seguro de propietarios de viviendas. Usted es dueño de la casa.

¿Por qué es el vendedor está pidiendo mucho dinero abajo? Pensé que todos los contratos de la tierra eran sólo el 10% de enganche?

Este es un error común. Si bien hay casas en venta en contrato de tierra que sólo se requerirá el 10% de pago inicial, este no es el caso con todas las casas a la venta en contrato de tierra. Cada vendedor tendrá sus propios requisitos de pago inicial para financiar usted. Puede ser 10%, 20% o incluso 50%. La tarea será encontrar un hogar que sea adecuado para usted y su situación financiera.

¿Todos los contratos de la tierra requieren un pago 'globo' al final de la vigencia del contrato la tierra?

No. Hay algunos vendedores que están dispuestos a financiar que hasta el pago del contrato de la tierra en su totalidad. Esto significa que no hay pago global para usted. Se trata de los términos que usted es capaz de negociar la hora de hacer su oferta de compra.

¿Los impuestos están incluidos automáticamente en mi pago mensual?

No. impuestos sobre la propiedad y el seguro de propietarios de vivienda no se incluyen automáticamente en su pago mensual. Ya sea que su pago mensual se incluyen los impuestos y los seguros se negocian y se deciden antes de firmar el contrato real de la tierra. Algunos vendedores sólo se requieren los principios y los pagos de intereses y que sería responsable de pagar los impuestos sobre la propiedad y el seguro de propietarios de casa por su cuenta y enviar el comprobante de pago a los mismos. Algunos vendedores estarán dispuestos a que su pago mensual incluye principio, interés, impuestos y seguro. Es una cuestión de lo que se negocia y lo que funciona mejor para usted y su situación.

Lo que está todo incluido en mis costos de cierre?
Los costos de cierre consistirán en: pago inicial, el título y las tasas de registro, impuesto a la propiedad pro raciones y, posiblemente, los honorarios del corredor. Tenga en cuenta que los costos de cierre son "además" para su pago inicial. Así que asegúrese de este factor en la hora de hacer su oferta de compra.

¿Se grabará mi contrato de la tierra?

Su participación en la propiedad que está comprando se registrará a través de un terreno Memorando Contrato. Este documento se registrará con su Registro local de la oficina de obras y se mostrará en el registro público que tiene un contrato de la tierra en la propiedad.

¿Qué sucede si no cumplo con mi contrato de la tierra?

En caso de que usted se atrasa en sus pagos mensuales y por defecto en tu tierra contrato, el vendedor puede, y lo más probable será, ejecutar la hipoteca de su casa. Usted tendrá que prestar mucha atención a los términos de su contrato de la tierra en cuanto a un defecto y lo que constituye un incumplimiento. El vendedor puede

demandar a usted y le llevará a los tribunales y un juez
puede ordenar que se cambie y perder la propiedad.
Todo el dinero que había invertido en el hogar se
perderá.

Anthony (Tony) Legins es el corredor asociado principio de RBS Real Estate, Inc se encuentra en Detroit, MI. Él es un autor, consultor y asesor de bienes raíces a muchos amigos y clientes. Él tiene una licenciatura en Administración de Empresas de la Universidad de Davenport con especialización en Marketing. Él ha sido licenciado como un profesional de bienes raíces desde 2004 y es un productor de varios millones de dólares. Él tiene un historial probado de éxito en ayudar a las personas a cumplir su sueño de tener casa propia. En la actualidad reside en el área metropolitana de Detroit y es el orgulloso padre de 2 hijos, Braden y Aaliyah Legins.

Apéndice:

EJEMPLO DE TIERRA CONTRATO

LAND CONTRACT

Parties

This Contract, Made on _____________, between _________________, _____________, hereinafter referred to as the "Seller,"
whose address is _________________, _________, _________, and

_________________, hereinafter referred to as the "Purchaser",
whose address is _________________, _________, _________,

Witnesseth:

Description of Premises

1. THE SELLER AGREES AS FOLLOWS:

a) To sell and convey to the Purchaser:

Land situated in the _________________, County of _________, State of _________

Commonly known as:
Parcel ID No.

together with all tenements, hereditaments, improvements and appurtenances, including all lighting fixtures, plumbing fixtures, shades, Venetian blinds, curtain rods, storm windows, storm doors, screens, awnings, if any, and any items reflected on Purchase Agreement executed by Seller and Purchaser, now on the premises, and subject to all applicable building and use restrictions, and easements, if any, affecting the premises.

Terms of Payment

b) That the consideration for the sale of the above described premises to the Purchaser is: _________________
_________ Dollars ($ _______) (Sales Price), of which the sum of _________________ Dollars ($ _______) (Amount Down) has heretofore been paid to the Seller, the receipt of which is hereby acknowledged, and the balance of
_________________ Dollars ($ _______) is to be paid to the Seller, with interest on any part thereof at any time unpaid at the rate of _____ % (Interest Rate) per cent per annum. This balance of purchase money and interest shall be paid in monthly installments of _________________ Dollars ($ _______) (Monthly PI) each, or more at Purchaser's option, on the 1st day of each month beginning _________________ said payments to be applied first upon interest and the balance on principal; PROVIDED, the entire purchase money and interest shall be fully paid within _____ years from the date hereof, anything herein to the contrary notwithstanding. In the event payments are not received within _____ days from due date, a late fee of
_________________ Dollars ($ _______) per payment shall be assessed. This is a service charge and is not interest.
Purchaser(s) further agree and understand that assessment of the late fee does not constitute election under the contract and that the Seller may pursue any other remedies available in law or equity.
Purchaser and Seller understand that the regular monthly payments called for by the terms of the Land Contract may not pay the Land Contract amount owing in full by the end of the term of this contract. There may be a substantial lump sum payment due from Purchaser to Seller at the end of the Land Contract term.

Seller's Duty to Convey

c) Upon receiving payment in full of all sums owing herein, less the amount then due on any existing mortgage or mortgages, and the surrender of the duplicate of this contract to execute and deliver to the Purchaser or the Purchaser's assigns, a good and sufficient Warranty Deed conveying title to said land, subject to aforesaid restrictions and easements and subject to any then existing mortgage or mortgages, and free from all other encumbrances, except such as may be herein set forth, and except such encumbrances as shall have accrued or attached since the date hereof through the acts or omissions of persons other than the Seller or his/her assigns.

It is the responsibility of the Sellers to pay all State and County transfer taxes determined by the applicable statute; at the time the land contract is paid in full and the warranty deed is passed to the Purchasers. Buyer is authorized to deduct from the final Land Contract payment all state and county transfer taxes in the appropriate amount applicable to the deed and to cause the stamps evidencing payment of said tax to be affixed thereto.

To Furnish Title Evidence

d) To deliver to the Purchaser as evidence of title a Policy of Title Insurance insuring Purchaser, the effective date of the policy to be approximately the date of this contract, and issued by _________________

Purchaser's Duties

2. THE PURCHASER AGREES AS FOLLOWS:

a) To purchase said land and pay the Seller the sum aforesaid, with the interest thereon as above provided. b) To use, maintain and occupy said premises in accordance with any and all restrictions thereon.
c) To keep the premises in accordance with all police, sanitary and other regulations imposed by any governmental authority.

When Recorded return to:	Send Subsequent Tax Bills To: Grantee	Drafted by:

Taxes and Insurance

d) To pay all taxes and assessments hereafter levied on said premises before any penalty for non-payment attaches thereto, and submit receipts to Seller upon request, as evidence of payment thereof; also at all times to keep the buildings now or hereafter on the premises insured against loss and damage, in manner and to an amount approved by the Seller, but not less than the purchase price, and to deliver the policies as issued to the Seller with the premiums fully paid.

Alternate Payment Method

If the amount of the estimated monthly cost of Taxes, Assessments and Insurance is inserted in the following Paragraph 2(e), then the method of the payment of these items as therein indicated shall be adopted. If this amount is not inserted, then Paragraph 2(e) shall be of no effect and the method of payment provided in the preceding Paragraph 2(d) shall be effective.

Insert amount if advance monthly installment method of taxes and insurance is to be adopted

e) To pay monthly in addition to the monthly payments herein before stipulated, the sum of $0.00 which is an estimate of the monthly cost of the taxes, assessments and insurance premiums for said premises, which shall be credited by the Seller on the unpaid principal balance due on the contract. If the Purchaser is not in default under the terms of this contract the Seller shall pay for the Purchaser's account, the taxes, assessments and insurance premiums mentioned in Paragraph 2(d) above when due and before any penalty attaches, and submit receipts therefore to the Purchaser upon demand. The amounts so paid shall be added to the principal balance of this contract. The amount of the estimated monthly payment, under this paragraph, may be adjusted from time to time so that the amount received shall approximate the total sum required annually for taxes, assessments and insurance. This adjustment shall be made on demand of either of the parties and any deficiencies shall be paid by the Purchaser upon the Seller's demand, which if unpaid for 30 days after demand shall be a default in this contract.

Acceptance of Title and Premises

f) That he has examined a Title Insurance Commitment from dated on: ______________, Commitment, ______________ covering the above described premises and is satisfied with the marketability of the title shown thereby, and has examined the above described premises and is satisfied with the physical condition of any structures thereon.

Maintenance of Premises

g) To keep and maintain the premises and the buildings thereon in as good condition as they are at the date hereof reasonable wear and tear excepted, and not to commit waste, remove or demolish any improvements thereon, or otherwise diminish the value of the Seller's security, without the written consent of the Seller.

Mortgage by Seller

3. THE SELLER AND PURCHASER MUTUALLY AGREE AS FOLLOWS:

a) That the Seller may, at any time during the continuance of this contract encumber said land by mortgage or mortgages to secure not more than the unpaid balance of this contract at the time such mortgage or mortgages are executed. Such mortgage or mortgages shall provide for payment of principal and interest in monthly installments which do not exceed such installments provided for in this contract; shall provide for a rate of interest on the unpaid balance of the mortgage debt which does not exceed the rate of interest provided in Paragraph 1 (b); or on such other terms as may be agreed upon by the Seller and Purchaser, and shall be a first lien upon the land superior to the rights of the Purchaser herein, subject however to the terms of this land contract; provided notice of the execution of said mortgage or mortgages containing the name and address of the mortgagee or his agent, the amount of such mortgage or mortgages, the rate of interest and maturity of the principal and interest shall be sent to the Purchaser by registered mail promptly after execution thereof. Purchaser will, on demand, execute any instruments demanded by the Seller, necessary or requisite to subordinate the rights of the Purchaser hereunder to the lien of any such mortgage or mortgages. In event said Purchaser shall refuse to execute any instruments demanded by said Seller and shall refuse to accept such registered mail hereinbefore provided or said registered mail shall be returned unclaimed, then the Seller may post such notice in two conspicuous places on said premises, and upon making affidavit duly sworn to of such posting, this proceeding shall operate the same as if said Purchaser had consented to the execution of said mortgage or mortgages, and Purchaser's rights shall be subordinate to said mortgage or mortgages as hereinbefore provided. The consent obtained, or subordination as otherwise herein provided, under or by virtue of the foregoing power, shall extend to any and all renewals or extensions or amendments of said mortgage or mortgages, after Seller has given notice to the Purchaser as above provided for giving notice of the execution of said mortgage or mortgages.

Encumbrances on Seller's Title

b) That if the Seller's interest be that of land contract, or now or hereafter be encumbered by mortgage, the Seller shall meet the payments of principal and interest thereon as they mature and produce evidence thereof to the Purchaser on demand, and in default of the Seller said Purchaser may pay the same. Such payments by Purchaser shall be credited on the sums first maturing hereon, with interest at the rate provided in Paragraph 1 (b) on payments so made. If proceedings are commenced to recover possession or to enforce the payment of such contract or mortgage because of the Seller's default, the Purchaser may at any time thereafter, while such proceedings are pending, encumber said land by mortgage, securing such sum as can be obtained, upon such terms as may be required, and with the proceeds pay and discharge such mortgage, or purchase money lien. Any mortgage so given shall be a first lien upon the land superior to the rights of the Seller therein, and thereafter the Purchaser shall pay the principal and interest on such mortgage so given as they mature, which payments shall be credited on the sums matured or first maturing hereon. When the sum owing hereon is reduced to the amount owing upon such contract or mortgage or owing on any mortgage executed under either of the powers in this contract contained, a conveyance shall be made in the form above provided containing a covenant by the grantee to assume and agree to pay the same.

Non-payment of Taxes or Insurance

c) That if default is made by the Purchaser in the payment of any taxes, assessments or insurance premiums, or in the payment of the sums provided for in Paragraph 2 (e), or in the delivery of any policy as hereinbefore provided, the Seller may pay such taxes or premiums or procure such insurance and pay the premium or premiums thereon, and any sum or sums so paid shall be a further lien on the land and premises, payable by the Purchaser to the Seller forthwith with interest at the rate as set forth in Paragraph 1 (b) hereof. Notwithstanding any such payment Seller shall retain those rights as set forth in 3(f) and 3(g) below.

Assignment by Purchaser

d) No assignment or conveyance by the Purchaser shall create any liability whatsoever against the Seller until a duplicate thereof, duly witnessed and acknowledged, together with the residence address of such assignee, shall be delivered to the Seller. Purchaser's liability hereunder shall not be released or affected in any way by delivery of such assignment, or by Seller's endorsement of receipt and/or acceptance thereon.

Possession

e) The Purchaser shall have the right to possession of the premises from and after the date hereof, unless otherwise herein provided, and be entitled to retain possession thereof only so long as there is no default on his/her part in carrying out the terms and conditions hereof. In the event the premises hereinabove described are vacant or unimproved, the Purchaser shall be deemed to be in constructive possession only, which possessory right shall cease and terminate after service of a notice of forfeiture of this contract. Erection of signs by Purchaser on vacant or unimproved property shall not constitute actual possession by him.

Right to Forfeit

f) If the Purchaser shall fail to perform this contract or any part thereof, the Seller immediately after such default shall have the right to declare the same forfeited and void, and retain whatever may have been paid hereon, and all improvements that may have been made upon the premises, together with additions and accretions thereto, and consider and treat the Purchaser as his tenant holding over without permission and may take immediate possession of the premises, and the Purchaser and each and every other occupant removed and put out. In all cases where a notice of forfeiture is relied upon by the Seller to terminate rights hereunder, such notice shall specify all unpaid moneys and other breaches of this contract and shall declare forfeiture of this contract effective in fifteen days after service unless such money is paid and any other breaches of this contract are cured within that time.

Acceleration Clause

g) If default is made by the Purchaser and such default continues for a period of forty-five days or more, and the Seller desires to foreclose this contract in equity, then the Seller shall have at his option the right to declare the entire unpaid balance hereunder to be due and payable forthwith, notwithstanding anything herein contained to the contrary.

h) The wife of the Seller, for a valuable consideration, joins herein and agrees to join in the execution of the Deed to be made in fulfillment hereof.

i) Time shall be deemed to be of the essence of this contract.

j) The individual parties hereto represent themselves to be of full age, and the corporate parties hereto represent themselves to be valid corporations with their charters in full force and effect.

Notice to Purchaser

k) Any declarations, notices or papers necessary or proper to terminate, accelerate or enforce this contract shall be presumed conclusively to have been served upon the Purchaser if such instrument is enclosed in an envelope with first class postage fully prepaid, if said envelope is addressed to the Purchaser at the address set forth in the heading of this contract or at the latest other address which may have been specified by the Purchaser and receipted for in writing by the Seller, and if said envelope is deposited in a United States Post Office Box.

l) No modification, revision, rescission or amendment to this contract shall be binding or effective unless reduced to writing and signed by all parties to be bound thereby.

m) If the payment called for in 1(b) should not be sufficient to amortize this contract during its limited term, then in that event, a lump sum payment shall be due at the conclusion of this contract. Seller makes no guaranty of financing being available at that time. The acceptance of partial payments thereafter by the Seller shall not be deemed to be an extension of the contract nor a waiver of the provision calling for full payment.

Additional Clauses

n) During the existence of this contract, any proceeds received from a hazard insurance policy covering the land shall first be used to repair the damage and restore the property, with the balance of such proceeds, if any, being distributed to Seller and Purchaser, as their interests may appear.

o) This property may be located within the vicinity of farmland or a farm operation. Generally accepted agricultural and management practices which may generate noise, dust, odors, and other associated conditions may be used and are protected by the Michigan Right to Farm Act.

p) The Grantor grants to the Grantee the right to make ANY divisions(s) under Section 108 of the Land Division Act, Act No. 288 of the Public Acts of 1967.

The pronouns and relative words herein used are written in the masculine and singular only. If more than one join in the execution hereof as Seller or Purchaser, or either be of the feminine sex or a corporation, such words shall be read as if written in plural, feminine, or neuter, respectively. The covenants herein shall bind the heirs, personal representatives, devisees, legatees, assigns and successors of the respective parties.

q) Purchaser shall keep and maintain the premises and the buildings on them in as good condition as they are on the date of this Agreement, excepting resonable wear and tear, and shall not commit waste, remove or demolish any improvements, or otherwise diminish the value of the Seller's security without sellers written consent.

Buyer and seller agree that the buyer can make any necessary improvements without the consent of the seller as long as those improvements increase the value of said property.

Buyer shall not permit any lien to be placed upon the property or commit any act which would result in such a lien being placed. Buyer shall immediately take all steps necessary to discharge any such lien.

Seller and purchaser mutually agree:
If a default is made by the purchaser and continues for 45 days or more and seller desires to foreclose this agreement in requity, Seller has the right to declare the entire unpaid balance to be immediately due and payable, despite anything in this agreement to the contrary.

In Witness Whereof, the parties hereto have executed this contract in duplicate the day and year first above written.

PURCHASERS: SELLERS:

________________________   ________________________

________________________   ________________________

State of : Michigan   )
)SS.
County of :   )

The foregoing Instrument was acknowledged before me on ____ th day of ______, 2013 by_____________, _________

____
Notary Public: .
Notary County: , State: Michigan
Commission Expires:
Acting In:

State of :   )
)SS.
County of :   )

The foregoing instrument was acknowledged before me on____th day of____________,______by____________________________________,___________________

Notary Public: ______________________________
Notary County: ______________,State: ________
Commission Expires: _________________________
Acting In: _________________